I0816614

LUCÍA Y LA SORPRESA DEL SÁBADO

Por MELISSA B. KRUGER
Ilustraciones de SAMARA HARDY

B&H
ESPAÑOL®
BRENTWOOD, TENNESSEE

Lucía y la sorpresa del sábado
Texto © 2026 por Melissa B. Kruger
Illustraciones © 2026 Crossway/Samara Hardy

Publicado originalmente por Crossway
un ministerio editorial de Good News Publishers
Wheaton, Illinions 60187, EE.UU.

B&H Publishing Group, Brentwood TN, 37027
Esta edición se publica en acuerdo con Crossway.

Clasificación decimal Dewey: C152.4
Clasifíquese: ENVIDIA \ CELOS \ EMOCIONES EN LOS NIÑOS

ISBN: 979-8-3845-0827-4

Fabricado en Shenzhen, Guangdong, China por Asia Pacific, en agosto de 2025

Impreso en China
1 2 3 4 5 * 30 29 28 27 26

… cada uno es tentado cuando sus propios malos deseos lo arrastran y seducen. Luego, cuando el deseo ha concebido, engendra el pecado; y el pecado, una vez que ha sido consumado, da a luz la muerte.

SANTIAGO 1:14-15

Lucía se despertó con mucho entusiasmo. Era sábado, ¡su día favorito de la semana! Corrió a la habitación de su hermano y saltó sobre su cama.

«¡Lucas, despierta! —gritó—. Es hora de irnos».

Bajó rápidamente las escaleras, mientras Lucas la seguía, todavía medio dormido.

Papá los saludó con una gran sonrisa y les preguntó: «¿Están listos?».

Subieron a sus bicicletas y se dirigieron a Sammy´s, su supermercado favorito.

Mientras Papá tomaba los ingredientes para preparar su famoso pan tostado, Lucas y Lucía corrieron hacia las golosinas que se encontraban en medio del supermercado. Papá los miró y sonrió. «Cada uno puede elegir una golosina».

Lucía rodeó la mesa de golosinas, pensando en cuál elegiría.
¿Una paleta morada? ¿Una goma de mascar gigante? ¿Un caramelo rojo?
Caminó en círculos una y otra vez, tratando de elegir.
Finalmente, se decidió: *¡el cubo de chocolate!*

Lucas eligió una paleta con espirales de colores.
Colocaron todas las cosas en una canasta y se dirigieron a casa para desayunar.

Después del desayuno, se prepararon para comer sus golosinas. Lucía abrió su cubo de chocolate. ¡Se había derretido de camino a casa! La mayor parte del chocolate terminó en sus manos y cara.

Lucía miró a Lucas, que saboreaba lentamente su paleta.
Se veía mucho mejor que su chocolate derretido.
¡Tendría que haber elegido la paleta!

Lucía se lavó las manos y salió a jugar. Lucas envolvió su paleta y se unió a su hermana en el columpio.

Cuando regresaron a la casa, Lucas tomó su paleta y se sentó para disfrutar de su golosina nuevamente.

Lucía se fue a otra habitación y se sentó en el sillón. Podía escuchar a Lucas saboreando la paleta.

Slurp. Ñac. Crunch.

Los sonidos se escuchaban cada vez más fuertes.

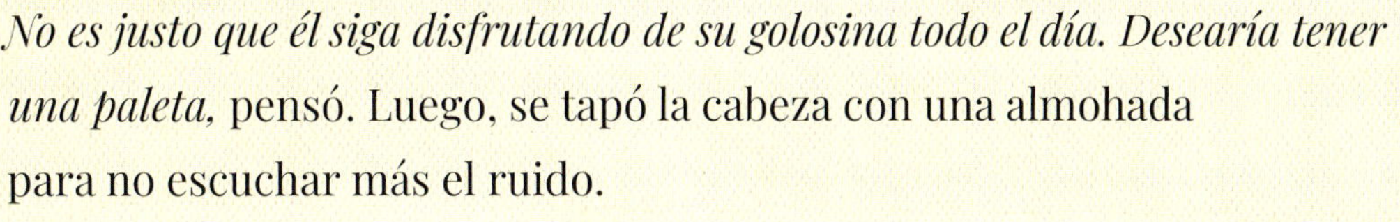

No es justo que él siga disfrutando de su golosina todo el día. Desearía tener una paleta, pensó. Luego, se tapó la cabeza con una almohada para no escuchar más el ruido.

Su papá entró en la habitación y la invitó a armar un rompecabezas con él.

«No quiero», murmuró Lucía mientras dejaba la habitación.
En lo único que podía pensar era en la paleta.
Se lamentaba de haber elegido el cubo de chocolate.

Mientras Lucía entraba en la cocina, Lucas envolvió su paleta y salió a jugar otra vez.

«¿Quieres venir conmigo?», preguntó.

«No —respondió Lucía mientras se sentaba—. Ya jugué contigo. Ahora puedes jugar tú solo».

Lucas se alejó con tristeza y Lucía se quedó sola con la paleta.

Esta paleta se ve deliciosa.

La moveré a la alacena para no tener que mirarla, pensó Lucía.

La tomó y olió el dulce sabor a fresa.

¡La paleta huele tan bien!

La acercó a su nariz. No pudo resistirse. Le dio una mordida.

¡Está deliciosa!

En ese momento, Papá entró en la cocina. «¿Por qué tienes la paleta de Lucas?», preguntó.

«Ah, solo la estaba envolviendo para que no se ensuciara», dijo Lucía mientras escondía lo que había hecho. Papá la miró con sospecha mientras ella dejaba rápidamente la paleta en la alacena y subía a su habitación.

Lucía cerró la puerta, se acurrucó en su cama y se cubrió con el cobertor.
Se sentía muy mal. Había disfrutado la deliciosa paleta,
pero ahora le dolía el estómago.

Escuchó que alguien tocó la puerta. «¿Puedo entrar?», preguntó Papá.

«Sí», susurró Lucía desde la cama.

«¿Estás bien, Lucía? ¿Hay algo que quieras decirme?». Ella no quería decirle a su papá, pero las palabras pronto comenzaron a brotar de su boca.

«Estaba triste porque elegí el cubo de chocolate y se derritió en el camino a casa. La paleta de Lucas se veía mucho mejor que mi golosina. Quise moverla de lugar para no tener que verla, pero luego la olí y la probé. Pensé que me haría sentir mejor, pero me siento muy mal».

Su papá se sentó en la cama. «Lucía, cuando nos sentimos enojados porque alguien tiene algo que deseamos, eso se llama *envidia*. Sigue un patrón: tú *viste* algo que deseabas, luego lo *codiciaste*, lo *probaste* y, finalmente, intentaste *esconder* lo que hiciste».

Lucía se limpió las lágrimas y miró a su papá con curiosidad. «Dijiste que sigue un patrón. ¿Te refieres a que otras personas también tienen envidia?».

«Sí, la Biblia nos relata la historia de muchas personas que desearon cosas que no les pertenecían, y su envidia las condujo a malas decisiones. Un hombre llamado Acán, en el libro de Josué, vio algo de oro y plata, lo codició, lo tomó y trató de esconder de Dios lo que había hecho».

«Realmente no podemos esconder nuestra codicia. Con el tiempo, nuestra envidia provoca que actuemos mal o tomemos algo que no es nuestro».

«Me siento mal por haber probado la paleta de Lucas.
¿Qué puedo hacer?», preguntó Lucía.
«Me alegra que me hayas dicho la verdad y no trates de ocultarlo más.
Cuando sientes envidia de alguien, es mejor confesarle lo
que sientes a alguien de confianza. Pero creo que también
es necesario que le confieses a Lucas lo que hiciste».

Lucía y Papá bajaron las escaleras y encontraron a Lucas sentado con Mamá armando un rompecabezas. Lucía sentía que tenía un nudo en el estómago. No quería decirle a Lucas lo que había hecho.

Finalmente pudo hablar y dijo: «Lucas, lo siento. Hice algo malo. Deseaba la golosina que elegiste hoy y le di una mordida a tu paleta».

Lucas la miró con sorpresa. «Está bien —contestó—. ¿Por eso estabas tan molesta esta mañana? Te habría dado un pedazo de mi paleta si me lo hubieras pedido».
Lucía se sintió aliviada. «Perdón por haberme molestado. Me encantaría jugar contigo. ¿Puedo ayudarte con el rompecabezas?».

«¡Claro! Acabo de encontrar una pieza de la esquina», dijo Lucas.

«Va justo aquí», dijo Lucía con una sonrisa. Ya se sentía mucho mejor.

FIN

Nota para los adultos

PARA LUCÍA, LA MAYOR SORPRESA DEL SÁBADO no tuvo nada que ver con la golosina, sino con darse cuenta de que, a veces, conseguir lo que quieres no es lo que realmente te hace feliz.

Todos tenemos deseos. Anhelamos cosas buenas: comida, ropa, amigos y familia. Sin embargo, cuando nuestros deseos se vuelven codiciosos, queremos algo bueno de manera equivocada o queremos algo que Dios prohíbe.

Dios había prohibido expresamente el fruto del árbol de la ciencia del bien y del mal, y por eso el deseo de Eva era erróneo (Gén. 2:17). Cuando Acán codició el botín de la batalla de Jericó, desobedeció el mandato de Dios (Jos. 6:18-19). En ambos casos, sus deseos codiciosos siguieron un patrón similar: ver, codiciar, tomar y esconder. Como relató Acán:

> ... Es cierto que he pecado contra el Señor, Dios de Israel. Esta es mi falta: Vi en el botín un hermoso manto de Sinar, doscientos siclos de plata y una barra de oro que pesaba cincuenta siclos. Los codicié y me apropié de ellos. Entonces los escondí en un hoyo que cavé en medio de mi tienda de campaña. La plata está también allí, debajo de todo. (Jos. 7:20-21)

Cuando hablamos de la envidia con nuestros hijos, es útil explicarles que nuestros deseos pecaminosos no se quedan simplemente dentro de nuestros corazones. Con el tiempo, los deseos erróneos darán malos frutos y nos llevarán a tomar de los demás de maneras equivocadas (Sant. 1:14-15).

Mirar por encima de la cerca y desear lo que alguien tiene solo hará que los niños (y los adultos) sean menos felices. Como enseña Proverbios 14:30: «El corazón tranquilo da vida al cuerpo, pero la envidia carcome los huesos». Ayuda a los niños a descubrir que el contentamiento (estar agradecido por lo que se tiene) es la alternativa a la envidia, y conduce a una mayor alegría. ¡Podemos crecer en este aspecto dando gracias al Señor con regularidad por todo lo que tenemos y regocijándonos en Su bondad (1 Tes. 5:16-18)!